Ernst Ferstl

ANDENKEN

Aphorismen

© 2018

Herstellung und Verlag: BoD – Books on
Demand, Norderstedt

Copyright Aphorismen: Ernst Ferstl
www.gedanken.at

Layout: Angelika Ferstl

ISBN: 9783752867350

STATT EINES VORWORTES

4 Aphorismen von
Marie von Ebner-Eschenbach:

Ein Aphorismus ist der letzte Ring

einer langen Gedankenkette.

Ein Gedanke kann nicht erwachen,

ohne andere zu wecken.

Nur der Denkende erlebt sein Leben,

am Gedankenlosen zieht es vorbei.

Jeder Mensch hat

ein Brett vor dem Kopf.

Es kommt nur auf die Entfernung an.

Marie von Ebner-Eschenbach (1830-1916),

österreichische Autorin

Es gibt zwei Arten von Mitmenschen:

Die einen sind ein Genuss

und die anderen

sind mit Vorsicht zu genießen.

Herzlichkeit ist die Muttersprache

aller liebenswerten Menschen.

Siebengescheite und Neunmalkluge

tun sich unendlich schwer,

fünf gerade sein zu lassen.

Wer sich leicht einwickeln lässt,

kann sich nur schwer entfalten.

Es ist ein riesengroßer Unterschied,

ob uns andere gernhaben dürfen

oder gernhaben können.

—◊—

Dass man vieles

schon vorher gewusst hat,

stellt sich oft erst

im Nachhinein heraus.

—◊—

Liebevolle Gedanken

lassen das Herz mitreden.

—◊—

Von jenen, die nichts von uns halten,

sollten wir vor allem eines halten:

Abstand.

Der Holzweg

ist die Lieblingsstrecke aller,

die ein Brett

vor dem Kopf haben.

Eines der schönsten Geschenke

einer liebevollen Beziehung

ist die Geborgenheit.

Lärm ist menschlich,

Stille ist göttlich.

Die Liebe verleiht dem Leben

Gewicht und Leichtigkeit.

Geht uns ein Licht auf,

werden die Schattenseiten

augenscheinlich.

Gedanken loslassen zu können,

gehört zur geistigen Hygiene.

Wer zu weit geht –

oder nicht weit genug -

bleibt auf der Strecke.

Hervorragend sind wir erst,

wenn wir über uns

hinauswachsen.

Um einen Menschen

richtig einschätzen zu können,

sind immer mehrere Versuche

notwendig.

Die etwas bewusst verharmlosen,

sind alles andere als harmlos.

Gerade die wenig wissen,

glauben, in vielem recht zu haben.

Mit jenen,

die auf dem hohen Ross sitzen,

kann man keine Pferde stehlen.

Das Überflüssige hält sich nicht

für überflüssig.

Den Kopf hängen zu lassen,

hat einen Haken:

Man kann nicht mehr

vernünftig denken.

Wer viel Wind um sich macht,

muss mit viel Gegenwind rechnen.

Angsthasen lassen die Katze

erst aus dem Sack,

wenn sie wissen,

wo der Hund begraben liegt.

Tröstlich:

Auch eine schlechte Erfahrung

ist zu etwas gut.

Wer nie Farbe bekennt,

wird mit der Zeit farblos.

Unsere Zufriedenheit

ist ein Abziehbild

unserer Dankbarkeit.

Wer ein Auge

für die Schönheit der Natur hat,

findet überall Schönes.

Was uns Halt gibt,

baut uns auf.

Dass das Leben manchmal

ungerecht ist,

ist manchmal

gar kein Nachteil für uns.

Ist man weg vom Fenster,

muss man mit vielen

verschlossenen Türen rechnen.

In einer Liebesbeziehung

sollte man sich vor allem

gut leiden können.

Macht uns etwas sprachlos,

können wir es nicht mehr

schönreden.

Auch das Glück

wirft Schatten.

Mit Menschen,

die immer gleich Rot sehen,

ist es nicht gut Kirschen essen.

Klugschwätzer

sind auch nicht viel gescheiter

als Dummschwätzer.

Sucht man etwas Bestimmtes,

findet man bestimmt

auch etwas anderes.

Wenn alle so ticken würden wie wir,

würden wir uns mit der Zeit

mächtig auf den Wecker gehen.

Wer auf hohem Niveau unzufrieden ist,

kann höchstens auf niedrigem Niveau

glücklich sein.

Wir sollten mehr

auf die Zwischentöne hören

und mehr zwischen den Zeilen lesen.

Eine Grundbotschaft der Natur lautet:

Alles hat und alles braucht seine Zeit.

Wer Schatten spenden will,

muss sich dem Licht

in den Weg stellen.

Wer kleinlich denkt,

wird nie großzügig handeln.

Gelegentlich ordentlich Gas zu geben,

ist schon in Ordnung.

Aber man sollte

seinen Bremsweg kennen.

Auch wenn man grundsätzlich

positiv eingestellt ist,

bleibt es nicht aus, dass man

gelegentlich negativ geladen ist.

Wir sollten auch dazu stehen,

gelegentlich falsch zu liegen.

Wer die Kunst der kleinen Schritte

beherrscht, ist vielen anderen

einen großen Schritt voraus.

Eine schwere Aufgabe fällt leichter,

wenn wir sie für sinnvoll erachten.

Gelassenheit

macht den Geduldsfaden

reißfester.

Das Ärgerliche am Ärgern

ist die verlorene Zeit.

Manche Menschen

trauen uns nicht viel zu,

weil sie von sich

auf andere schließen.

Nicht aus der Reihe zu tanzen,

ist auch schon

eine Form von Anpassung.

Eine wichtige Aufgabe

für die Vergnügungsindustrie:

betreute Langeweile.

Das Gesagte vergisst man

meistens schneller

als das Gemeinte.

Weiß man weder ein noch aus,

besteht die Gefahr,

dass man einschnappt

und ausrastet.

Hoffnungen

sind Leuchttürme.

Es ist ein himmelhoher Unterschied,

ob wir jemand im Kopf

oder im Herzen haben.

In der Normalität

steckt viel mehr Verrücktheit,

als wir glauben.

Dummheiten

verzeiht man leichter

als Lieblosigkeiten.

Gegen den Strom zu schwimmen

fällt leichter, wenn man bereits

mit allen Wassern gewaschen ist.

Maßlose Übertreibungen

sind der Lüge näher

als der Wahrheit.

Wer ins Schwimmen kommt,

geht wenigstens nicht unter.

Manche wollen uns treffen,

indem sie mit ihren Worten

bewusst übers Ziel schießen.

Manchmal lohnt

es sich durchaus,

auch die eigenen Antworten

zu hinterfragen.

Wichtige Einsichten

haben oft

Verspätung.

Wir sollten uns wenigstens

für das erwärmen,

was uns nicht kaltlässt.

Glück ist eine Zugabe,

Unglück eine Aufgabe.

Stimmen uns andere zu,

heißt das noch nicht,

dass wir recht haben.

Sind wir am Ziel, sollten wir

nicht vergessen, dass es der Weg war,

der uns dorthin gebracht hat.

Das Selbstbewusstsein

mancher Leute

ist stark übergewichtig.

Manche Entgleisungen passieren erst,

wenn man merkt, dass der Zug

abgefahren ist.

Vorurteile haben

eine Vorliebe für Menschen,

die nicht nachdenken.

Zuwege bringen

können wir nur etwas,

wenn wir uns

auf den Weg machen.

Wenn wir keine Zeit für uns haben,

haben wir etwas falsch gemacht.

Auch das Vergessen-Können

ist ein Lernprozess.

Auch wenn uns viele Türen

offenstehen,

sollten wir uns gut überlegen,

an welche Tür wir klopfen.

Das Unrecht

kennt kein rechtes Maß.

Es kann ins Auge gehen,

wenn wir übersehen,

dass es jemand auf uns

abgesehen hat.

Was in aller Munde ist,

lässt vom Geschmack her

sehr zu wünschen übrig.

Ohne bunte Gedanken

und farbenfrohe Gefühle

verblassen die Farben des Lebens.

In einer guten Beziehung

sollte die Anziehungskraft –

und nicht das Trägheitsgesetz

eine Hauptrolle spielen.

Von jenen, die uns viel versprechen,

sollten wir uns nicht zu viel erwarten.

Wir schweigen gerne über alles,

was uns ausgesprochen

unangenehm ist.

Dass manche Menschen blind sind

für das Naheliegende,

sieht man meistens

bereits von weitem.

Sagt man zu viel durch die Blume,

können Missverständnisse

blühen.

Den Humor

eines Spaßvogels

sollte man nicht

allzu ernst nehmen.

Manche Wahrheit

findet man nur, wenn man

gegen den Strom schwimmt.

Die Unzufriedenheit

legt großen Wert

auf zufriedene Kunden.

Glück ist,

die Kostbarkeit schöner Augenblicke

zu genießen.

Bedenklich:

Die nicht nachdenken wollen,

begnügen sich mit dem Nachreden.

Der innere Schweinehund

hat Angsthasen

zum Fressen gern.

Wir lieben

unsere Gewohnheiten

wie uns selbst.

Toleranz wächst

durch Übung.

Will man mehr aus sich machen,

sollte man weniger darauf schauen,

was die anderen

machen.

Wer mit dem Älterwerden

gut zurechtkommt,

ist ein Glückskind.

Auf etwas freiwillig zu verzichten,

ist fast immer

Gewinn bringend.

Kann man zur richtigen Zeit

klein beigeben,

erspart man sich

ein paar größere Niederlagen.

Bei harten Auseinandersetzungen

ist es besonders wichtig,

dass sich alle zusammennehmen.

Größenwahn bevorzugt

kleine Gehirne.

Zuneigung

verkürzt den Weg

zueinander.

Manche Leute kommen

über ein Schubladendenken

nicht hinaus.

Zu manchen Menschen

kann man keine Brücke bauen,

da ist eine Umgehungsstraße

Ziel führender.

Manche Träume

sind eigentlich Weckrufe.

In einer Überflussgesellschaft

sind Wertvorstellungen

Mangelware.

Wenn gut über uns geredet wird,

hören wir besser und lieber zu.

Die Leistung,

etwas nicht gemacht zu haben,

findet nur selten Anerkennung.

Manche Idee ist nur so lange gut,

bis man weiß,

von wem sie stammt.

Wer immer nur gibt,

wird irgendwann leer.

Wer immer auf dem Laufenden

sein will, hat keine Zeit,

in sich zu gehen.

Auch Umwege können

zu wunderschönen

Zielen führen.

Positives Denken ist der Schlüssel

zum Haus des Glücks.

Dem Schweigen und der Stille

fehlt es an Fürsprechern.

Wer eine gute Übersicht hat,

hat bessere Aussichten.

Auch der kleinste

gemeinsame Nenner

hat ein gewisses

Entwicklungspotential.

Manchmal muss man

das Glück kitzeln,

damit es uns anlacht.

Luxus in einer neuen Bedeutung:

Ich habe viel Zeit.

Glück ist oft

eine Frage der Wahrnehmung.

Gefühlsmäßig

ist unser Verstand

unseren Gefühlen

oft nicht gewachsen.

Je besser man sich

mit einem Menschen versteht,

desto lieber hört man ihm zu.

Auch schlechte Erfahrungen

haben ihre guten Gründe.

Was man geschenkt haben will,

darf man sich ruhig

etwas kosten lassen.

Manche Leute kehren alles

noch schnell unter den Teppich,

bevor sie sich aus dem Staub machen.

In unser Herz passt viel mehr Liebe,

als sich unser Verstand

vorstellen kann.

Beim Versuch,

etwas auf den Punkt

zu bringen, kann es passieren,

dass man den wunden Punkt trifft.

Wer mit einem Statussymbol angibt,

stellt sich damit ein Armutszeugnis aus.

Geht in einer Liebesbeziehung

die Nestwärme verloren,

fliegt die Zärtlichkeit davon.

Es ist durchaus verständlich,

dass wir Leute,

von denen wir

die Nase voll haben,

nicht gut riechen können.

Wer immer mit der Zeit gehen will,

muss jede Woche

ein Sieben-Tage-Rennen bestreiten.

Der Erfolg gibt den Erfolgreichen

immer Recht,

manchmal zu Unrecht.

Wer sich schnell mit etwas

zufrieden gibt, wird nur kurze Zeit

damit zufrieden sein.

Wer allen entgegenkommt,

kommt öfter und leichter

unter die Räder.

Wenn wir alles billigen,

kommt uns einiges

teuer zu stehen.

Manche Leute

tun sich schwer,

Selbstkritik zu üben,

weil sie das noch nie

geübt haben.

Ein Weg ist umso schöner,

je lieber wir ihn gehen.

Eine ehrliche Ausrede:

Ich habe mir

nichts dabei gedacht.

Unvergessliche Erinnerungen

sind wertvolle Kostbarkeiten.

Der bewusste Verzicht auf etwas

ist meistens eine gute Wahl.

Maßstäbe,

die wir selbst aufstellen,

sollten nur für den Eigengebrauch

verwendet werden.

Ein Ja und ein Nein

haben einen festen Boden,

ein Vielleicht hat keinen.

Man läuft Gefahr,

unter die Räder zu kommen,

wenn immer alles rund laufen muss.

Relativitätspraxis:

So gut, wie viele tun,

sind nur wenige.

Wer zu viel weiß,

sollte nicht vergessen,

nicht alles zu sagen.

Gibt es viele schwarze Schafe,

kommen die weißen Westen

sofort wieder in Mode.

Die Liebe erlaubt

mehr als wir denken,

auch einen gesunden Egoismus.

Durch Aufgeben verlieren wir etwas,

durch Loslassen gewinnen wir

Kraft für Neues.

Das Einfache ist meistens unscheinbar,

deswegen wird es oft übersehen.

Wer sich vor

Höhen und Tiefen fürchtet,

lebt höchstens mittelmäßig.

Richtig und falsch

gibt es beim Rechnen.

Das Leben und die Liebe

sind unberechenbar.

Weisheit wägt ab,

aber sie wertet nicht.

Die Liebe

fordert uns heraus,

weil sie uns fördern will.

Nimmt man in einer Liebesbeziehung

das Geben und Nehmen ernst,

hat man alle Hände voll zu tun.

Komisch:

Es gibt immer

mehr Versicherungen –

und immer weniger Sicherheit.

Wer nicht anecken will,

muss um viele und vieles

einen großen Bogen machen.

Es kümmert Gefühle

herzlich wenig,

was der Verstand über sie denkt.

Es ist schwer,

über seinen Schatten zu springen,

wenn das Selbstbewusstsein

am Boden ist.

Der Himmel auf Erden

ist noch nicht das Paradies.

Lieben und geliebt zu werden

können Flügel wachsen lassen.

Ein Herz ohne Herzlichkeit

ist wie eine Blumenvase

ohne Blumen.

Von manchen Leuten kann man

alles haben – solange man

nichts von ihnen braucht.

Manchmal braucht man

ganz schön viel Kraft,

um sich selbst auf den Arm

zu nehmen.

Man kann reden wie alle

und doch ganz anders denken.

Sagt man Ja zu sich,

fällt einem ein ehrliches Nein

in vielen Fällen leichter.

Der Sprung über den eigenen Schatten

ist immer auch ein wichtiger Schritt

nach vorn.

Je mehr man sich

allen anderen anpasst,

desto fremder wird man sich selber.

Ein offenes Wort braucht

ein offenes Ohr,

um auf fruchtbaren Boden

fallen zu können.

Wer sich alle Wege offenhalten will,

wird nicht viel zuwege bringen.

Auch die Liebe hat eine Tag-

und eine Nachtseite.

Die Mehrheit der Menschheit

glaubt der Mehrheit mehr

als der Vernunft.

Manche Worte liegen uns

lange auf der Zunge,

bis sie uns endlich

über die Lippen gehen.

Glückliche Menschen

sind genussfähiger.

Nehmen kann abhängig machen,

Geben macht frei.

Gelegentlich sucht man

den Sinn des Lebens

und findet Gefallen am Unsinn.

Auch was uns fehlt,

gehört zu uns.

In sich zu gehen ist ein guter Schutz,

um nicht aus der Haut zu fahren.

Die Humorlosigkeit

mancher Leute

erkennt man bereits

an ihren Witzen.

Die Versorgung mit Sorgen

funktioniert meistens viel besser

als die Entsorgung.

Die groß angeben,

haben meistens einfach

nur große Angst,

klein beigeben zu müssen.

Schönheit ist mehr

als eine Augenweide.

Wenn man einiges hinter sich hat,

sollte man sich freuen,

dass man noch einiges vor sich hat.

Was uns zu schwer ist,

kann uns leicht

aus der Balance bringen.

Was uns anspricht,

will uns etwas sagen.

Unsere Selbstgespräche

haben den Vorteil,

dass alles unter uns bleibt.

Wer Humor hat,

hat auch Fantasie.

Wer sich nur

mit Vergnügungen begnügt,

wird auf Dauer

nicht viel Freude

daran haben.

Wertschätzung ist eine

überaus wertvolle Form

der Anerkennung.

Kommt ein Kompliment gut an,

kommt ein Echo zurück.

Wer immer mit der Zeit gehen will,

muss immer nach der Uhr leben.

Anpassung kann

zu einem Leben führen,

das nicht zu einem passt.

Die Stunde der Wahrheit

hat ihre eigene Zeitrechnung.

Der Preis für billige Ausreden

wird oft maßlos unterschätzt.

Keine Antwort

zu bekommen,

wirft neue Fragen auf.

Im Licht der Zukunft

sieht die Vergangenheit

ziemlich alt aus.

Wollen wir hoch hinaus,

sind wir bei vielen gleich

unten durch.

Wer sich selbst im Wege steht,

bringt nicht viel zuwege.

Wer zu viel in sich hineinfrisst,

verliert mit der Zeit

den Appetit aufs Leben.

Von einem Menschen

mit einem Heiligenschein

kann man nicht erwarten,

dass ihm ein Licht aufgeht.

Der Humor mag witzige Menschen,

aber keine,

die ein Witz sind.

Aus dummen Fehlern

lernt man schneller.

Warum nur machen wir uns oft

zu viele unnötige und zu wenig

notwendige Gedanken?

Gelegentlich

muss man sich

die Welt schönreden,

um nicht schwarz zu sehen.

Das Leben gibt uns manchmal

Antworten auf Fragen,

die wir gar nicht gestellt haben.

Wir sollten das Wort Liebe

nicht zu oft in den Mund nehmen,

der Liebe zuliebe.

Manchmal muss man

einfach den Mut haben,

für andere eine Zumutung zu sein.

Mit zunehmendem Alter

nimmt der Wert der Zeit zu.

Lieber einmal zu viel gelobt,

als einmal zu wenig.

Manche Leute

haben einen komischen Humor:

Sie lachen nur,

wenn sie etwas lächerlich finden.

Bei manchen Leuten

fällt der Groschen erst,

wenn der Rubel nicht mehr rollt.

Aus Fehlern zu lernen ist gut,

Fehler zu verlernen ist besser.

Bei gefühlvollen Menschen

reicht das Fingerspitzengefühl

bis in die Zehenspitzen.

Ein Gedanke, der einleuchtet,

stellt viele andere Gedanken

in den Schatten.

Zur richtigen Zeit

Ecken und Kanten zu zeigen,

kann einiges ins Rollen bringen.

Wer A sagen kann,

hat 25 Alternativen.

Eine Meinung

ist leichter zu teilen

als eine Überzeugung.

Vertrauen ist Saat,

Vertrautheit ist Ernte.

Wer nichts finden muss,

kann in Ruhe suchen.

Hört man

etwas läuten,

muss man das nicht gleich

an die große Glocke hängen.

Manchen Menschen muss man

auf die Zehen steigen,

wenn man erfahren will,

wo sie der Schuh drückt.

Jede Mehrheit hat eine Vorliebe

für die Mehrzahl.

Wenn wir es uns

oft einfach machen,

wird es irgendwann

kompliziert.

Liebgewonnene Gewohnheiten

neigen leicht zu Übergewicht.

Wir glauben

an das Gute im Menschen,

weil uns dabei wohler ist.

Wenn der rote Faden

einer Verbindung verloren geht,

wird daraus

eine Verstrickung.

Manche Versuchungen bekommt

man nur dann in den Griff,

wenn man die Finger davon lässt.

Auch wenn viele auf uns hören,

verstehen können uns nur wenige.

Im Laufe unseres Lebens

wissen wir immer genauer,

was wir nicht wollen.

Die meiste Zeit,

die wir uns nehmen können,

sollten wir jenen schenken,

die uns am meisten bedeuten.

Manche Leute glauben, sie müssten

auf die Schwächen anderer losgehen,

damit ihre Stärken besser

zur Geltung kommen.

Wer seinen eigenen Weg geht,

bringt mehr zuwege.

Was wir vorhaben,

hängt stark davon ab,

was wir bereits hinter uns haben.

Auch wer mit jemandem

Schlitten fahren will,

kann unter die Räder kommen.

Unsere Gefühle sorgen dafür,

dass Leben ins Leben kommt.

Menschen

mit einem leeren Kopf

kommen leicht

und oft in Versuchung,

den Mund voll zu nehmen.

Wer sich etwas erwartet,

muss warten können.

Ein Ja zum Nein

ist ehrlicher

als ein Vielleicht.

Zu einem

bunten Leben

gehören auch

blaue Flecken.

Den inneren Schweinehund

sollte man nie unterschätzen,

er hat ein großes Insiderwissen.

Wertschätzung durch andere

hebt unser Selbstbewusstsein.

Über die weiße Weste mancher

Leute breitet man am besten

den Mantel des Schweigens.

Das Sollen

hilft manchmal,

das Wollen fast immer.

Wenn unsere innere Stimme

längere Zeit

kein Gehör findet,

verstummt sie.

Ist ein Ziel zu kurz gesteckt,

helfen auch lange Umwege

nicht mehr weiter.

Wenn man einen von uns geschätzten

Menschen beim Wort nehmen kann,

sollten wir nicht jeden Buchstaben

auf die Goldwaage legen.

Wer sich selbst gut kennt,

hat auch eine gute

Menschenkenntnis.

Ein Lächeln, das erwidert wird,

hat zwei Gewinner.

Treue ist immer auch

ein Zeichen von Dankbarkeit.

Wer einen Menschen liebt,

geht und kommt ihm

entgegen.

Der Gedankenhimmel

ist selten wolkenfrei.

Manche Menschen

werden

erst nüchtern,

wenn man ihnen

reinen Wein einschenkt.

Wer hoch hinaus will,

muss damit rechnen,

dass die Luft mit der Zeit

dünner wird.

Ein Regenbogen

braucht gutes

und schlechtes Wetter.

Wer ständig seine Meinung ändert,

hat keine.

Ohne Inhalt ist jedes Gespräch

nur ein Gerede.

Die Heimat hat

ein eigenes

Wohlfühlklima.

Wer ein Ziel im Auge hat,

braucht keine Wegweiser.

Liebe kann man nicht messen,

es gibt keinen Maßstab für sie.

Wer vom Ende her denkt,

tut sich mit dem Anfangen

schwerer.

Die Gedankenlosigkeit kennt

keine Armutsgrenze.

Manche Menschen

haben für das Vergangene

mehr Fantasie

als für das Zukünftige.

Die Liebe wird kraftlos,

wenn sie längere Zeit

keine Nahrung bekommt.

Glück muss

erarbeitet werden,

Unglück verarbeitet.

Wir halten viel von jenen,

die halten, was wir uns

von ihnen versprechen.

Wir wachsen mit unseren Aufgaben,

aber gelegentlich wachsen sie uns

über den Kopf.

Man kommt

bei seinen Mitmenschen

besser an,

wenn man auf sie zugeht.

Große Worte

sind beliebte Verstecke.

Hellseher sind künstlerisch begabt:

Sie sind entweder Schönfärber

oder Schwarzmaler.

Wo alle Wege offenstehen,

ist ein Irrweg nicht weit.

Je weiter wir einen Weg

gegangen sind,

desto schwieriger

wird eine Umkehr.

Man muss mehr wollen,

wenn man

viel erreichen will.

Es ist manchmal schwierig,

einem Menschen verstehen zu geben,

dass man ihn nicht versteht.

—⋏—

Eine Verneinung hilft uns,

Grenzen zu ziehen.

Eine Bejahung kann helfen,

Grenzen zu überwinden.

—⋏—

Ein schöner Weg

führt nicht automatisch

zu einem schönen Ziel.

—⋏—

Hochnäsigkeit

hat eine große Fallhöhe.

Gedanken und Gefühle:

manchmal wie Tag und Nacht.

Schlechte Erfahrungen

sind ein gutes Anschauungsmaterial

im Fach Menschenkunde.

Nur wer

zu seinem Wort steht,

kann sein Wort halten.

Vorsicht:

Was Vielredner verschweigen,

überhört man sehr leicht.

Wer uns widerspricht,

nimmt wenigstens

unsere Meinung ernst.

Sich aneinander zu klammern,

schwächt

die Anziehungskraft.

Glück verleiht Flügel.

Die Zeit vergeht wie im Flug.

Sollte man nicht alle, die uns

den Himmel auf Erden versprechen,

umgehend auf den Mond schießen?

Wegweiser

gehen nicht mit.

Gewalt ist eine Sprache,

die uns oft sprachlos macht.

In einer Liebesbeziehung

schenkt man nicht etwas,

sondern sich.

Was wir in der Vergangenheit

versäumt haben,

müssen wir loslassen,

sonst versäumen wir

das Glück des Augenblicks.

Glück ist auch,

das Unglück nur

aus zweiter Hand zu kennen.

Die Zukunft

beginnt immer

von heute

auf morgen.

Mit unseren Worten sollten wir

sparsamer umgehen

als wie mit unseren Gedanken.

In sich zu gehen

ist immer eine kurze Distanz,

aber manchmal ein langer Weg.

Lieben kann ich meine Fehler

und Schwächen nicht,

aber ich lerne sie zu schätzen.

Wir brauchen Zeiten,

in denen wir uns

in Ruhe lassen.

Wenn wir uns selbst

im Wege stehen,

geht nichts weiter.

Auch Misserfolge

sind Wegweiser.

Lässt man los,

was einen runterzieht,

geht es wieder bergauf.

Die Erde ist auch deswegen rund,

damit jeder Mensch

der Mittelpunkt seiner Welt

sein kann.

Komisch: Die Befürchtung,

dass es bald dreizehn schlägt,

kommt immer fünf vor zwölf.

Die Liebe hat eine Vorliebe

für Menschen mit Herz.

Besserwisser vertragen sich

untereinander

überhaupt nicht.

Gemeinsamkeiten,

die man nicht wahrhaben will,

trennen.

Wer nicht

an das Gute

im Menschen glaubt, ist feig.

Es ist sinnvoller,

gegen den Strom zu schwimmen,

als unterzugehen.

Ausruhen ist kein Stehenbleiben -

sondern ein Krafttanken.

Was unser Herz

bewegt,

hält unser Hirn

auf Trab.

Auf glückliche Zufälle

sind wir oft

schlecht vorbereitet.

Schieben wir zu viel vor uns her,

ist eine Umkehr meistens

ein guter Ausweg.

Gute Gedanken

sind ein Guthaben.

Eine Abkürzung ist dann Ziel führend,

wenn man weiß,

wo es langgeht.

Zeitweise

wünscht man sich zwei Uhren:

Eine schnellere für die Arbeitszeit

und eine langsamere für die Freizeit.

In der Nächstenliebe

zeigt die Menschlichkeit

ihr wahres Gesicht.

Die Hintergedanken vieler Menschen
befinden sich ziemlich weit vorne.

Wir bedenken oft nicht,

was Worte

auslösen können.

Was uns nicht bewegt,

kann uns auch nicht

zu Herzen gehen.

Zufriedenheit beginnt,

wenn man

die Unzufriedenheit

sein lässt.

Dass in jedem Menschen

etwas Gutes steckt,

ist ein gutes Beispiel

für ein positives Vorurteil.

Was am Ende zählt,

sind die Anfänge und deren Folgen.

Gewohnheiten lieben

Wiederholungen.

Manche Menschen sind großzügig,

wenn sie etwas bekommen können -

und kleinlich,

wenn sie etwas geben sollen.

Das Verschweigen

fällt uns meistens leichter

als das Vergessen.

Dem Unglück sollten wir

mit Mut begegnen,

dem Glück mit Demut.

Wer nichts finden muss,

kann in Ruhe suchen.

Manche Menschen tun uns

ganz einfach gut.

Schön, wenn man oft

mit ihnen zu tun hat.

Die sich für etwas Besseres halten,

können anderen

keinen Halt geben.

Einheizen können uns

andere

nur so lange,

bis bei uns der Ofen aus ist.

Glückliche und Zufriedene

haben mehr als sie besitzen.

Wer der Liebe

ausweicht,

lebt am Leben vorbei.

Früher hieß es:

Ohne Fleiß kein Preis.

Heutzutage heißt es:

Ohne Preis kein Fleiß.

Wo die Liebe wächst,

können uns

Wunder blühen.

Wenn wir aus der Reihe tanzen wollen,

sollten wir nicht darauf warten,

bis wir an der Reihe sind.

Das Gestern ist wichtig.

Das Heute ist wichtiger.

Was auf der Hand liegt,

braucht man nicht mehr

unter den Teppich kehren.

Die zunehmende Humorlosigkeit

ist eine ernste Sache.

Insider-Wissen:

Der innere Schweinehund weiß,

wie der Hase läuft.

Manche Leute bräuchten

einen Humorschrittmacher.

Wer nicht verlieren kann,

sollte lieber gar nicht spielen.

Vorsicht

vor zu viel Vorsicht:

Wir trauen uns oft

viel zu wenig zu.

Jeder Wunsch,

der in Erfüllung geht,

beflügelt unser Wunschdenken.

Was wir lange verfolgen,

holt uns eines Tages ein.

Man macht nichts verkehrt,

wenn man es denen nachmacht,

die sich nichts vormachen lassen.

Von Menschen,

die alles in Frage stellen,

darf man sich

keine hilfreichen Antworten

erwarten.

Was man nicht sagen kann,

muss man umschreiben.

Zuhören macht mehr Arbeit

als zuschauen.

Nachdenken schützt vor Dummheit,

aber nicht vor Dummheiten.

Gewisse Feindbilder

haben massenhaft Freunde.

Zeit ist nicht Geld!

Sonst könnte man es ja

vererben.

Was uns manche Leute

vorschreiben wollen,

geht auf keine Kuhhaut –

da braucht man dann schon

ein paar ausgewachsene Elefanten.

Der Weg der Menschlichkeit

ist kein Privatweg.

Nimmt man

das Mittelmaß

als Maßstab, ist das Maß

noch lange nicht voll.

Hintergedanken

wollen etwas vortäuschen.

In jeder Antwort

stecken neue Fragen.

Ausnahmen glauben in der Regel,

dass sie sich alles erlauben können.

Wenn der Weg schon das Ziel ist,

bleibt der Weg auf der Strecke.

Will man

bei sich ankommen,

muss man in die Tiefe gehen.

Eine Karriereleiter hat

viele Sprossen nach oben

und nur wenige nach unten.

Eine Wegwerfgesellschaft

ist auch eine Wegschaugesellschaft.

Wer Unehrlichkeit

in Kauf nimmt,

verdient kein Vertrauen.

Man kann nicht nur etwas

kaputt machen, man kann

auch etwas kaputt denken.

Kümmert man sich nicht

um sein Gewissen,

verkümmert es.

Optimismus ist immer auch

ein Stück Verrücktheit.

Mit krampfhaftem Festhalten

kann man keine Probleme lösen.

Lieben Menschen sollten wir

von Zeit zu Zeit

auch ein paar liebe Worte

schenken.

Sprichwort, runderneuert:

Wenn du glaubst, es geht nicht mehr,

kommt von irgendwo ein Guru her.

Wir vertrauen auf das Altbekannte

und Altbewährte –

und warten doch täglich

auf etwas Neues.

Balanceakt:

Möglichst oft sein Bestes zu geben,

ohne sich allzu sehr zu verausgaben.

Die wichtigen Fragen des Lebens

wiederholen sich,

die Antworten wechseln.

Manche Erinnerungen

altern sehr schnell,

andere bleiben immer frisch.

Gedanken

kann man sich ausdenken.

Gefühle muss man sich ausmalen.

Die Quelle der Kreativität versiegt,

wenn man nicht aus ihr schöpft.

Die Zukunftsaussichten

bleiben schlecht:

Es wird wieder mehr Verlierer

als Sieger geben.

Gibt es für den zärtlichen

Umgang miteinander

eigentlich eine Faustregel?

Mitläufern

ist jede Richtung recht.

Sieht man etwas mit anderen Augen,

geht einem ein Licht auf.

Wer zu viel

an die große Glocke hängt,

verschlechtert ihren Klang.

Wenn man merkt,

dass seine Sache

einen gewaltigen Haken hat,

ist es besser, sie gleich abzuhaken

und sich abzuseilen.

Im Umgang mit Menschen,

die gern mit der Tür ins Haus fallen,

ist es ratsam, sich immer eine Hintertür

offen zu halten.

Ein Mangel an Selbstbewusstsein kann

zu einem Überfluss an Misstrauen

führen.

Logisch:

Wer sich selbst im Weg steht,

tritt auf der Stelle.

Ich mag meine Stärken und Schwächen.

Wir sind zusammen aufgewachsen.

Die uns Sand in die Augen

streuen wollen,

sollten wir unverzüglich

in die Wüste schicken.

Wir kennen unsere Grenzen,

aber manchmal fällt es uns schwer,

sie auch anzuerkennen.

Wer Ausdauer besitzt,

ist seinen Zielen einen Schritt näher.

Manchmal genügt bereits die bloße

Anwesenheit eines geliebten Menschen,

um sich vom Glück umarmt zu fühlen.

Oberflächliche Zeitgenossen haben

das große Problem, dass ihnen

bereits tiefe Gedanken

viel zu hoch sind.

Im Grau des Alltags

tun uns farbenfrohe Gedanken

besonders gut.

Ohne gegenseitige Wertschätzung

verliert eine Beziehung ihren Wert.

Wer sich nicht verheizen lassen will,

sollte seine Gutmütigkeit gelegentlich

auf Eis legen.

Berge, die man bestiegen hat,

will man gar nicht mehr

versetzen.

Wir wissen meistens sehr genau,

warum wir etwas

nicht wahrhaben wollen.

Das Herz

kommt manchmal

auf bessere Ideen als der Kopf.

Wer Gelassenheit geübt hat, weiß:

Manches erledigt sich von selbst.

Die uns nicht so nehmen,

wie wir sind,

können uns gestohlen bleiben.

Vorurteile

tarnen sich gerne

und oft als Grundsätze.

Wenn es uns gut geht,

fällt es uns leichter

anderen etwas Gutes zu tun.

Worte können

Brücken bauen.

Im Garten der Dummheit wächst

der blühende Unsinn

besonders gut.

Für ein gutes Gespräch braucht man

zwei gute Zuhörer.

Glück ist die Zeit,

in der es uns gut geht.

Nur wer Verstand hat,

kann für etwas,

das er nicht versteht,

Verständnis aufbringen.

Zu Menschen, die wir lieben

und von denen wir geliebt werden,

können wir gar nicht lieb genug sein.

Das Leben verliert an Gewicht,

wenn man zu viel

zu leicht nimmt.

Eines der schönsten Geschenke

einer liebevollen Beziehung

ist die Geborgenheit.

Wir lachen zu wenig

und finden zu viel lächerlich.

Je mehr uns auffällt,

desto mehr

fällt uns ein.

Der Zugang zu uns selbst

beginnt

am Tor der Stille.

Gedankenlosigkeit ist arg,

Lieblosigkeit ist ärger.

Wer mehr denkt als redet,

verleiht seinen Worten

Gewicht.

Manche Menschen

haben mehr Glück als Verstand

und sind trotzdem unglücklich.

Was wir nicht fertigbringen,

macht uns fertig,

wenn es uns nicht gelingt,

es sein zu lassen.

Für Negativdenker

bestehen Tassen aus Scherben.

Was man zu schätzen weiß,

schätzt man meistens richtig ein.

Sich über die Dummheit anderer

den Kopf zu zerbrechen,

ist auch nicht sehr gescheit.

Großspurig denken

und kleinspurig reden

ist viel besser als umgekehrt.

Was man sich nicht kaufen kann,

muss man sich schenken lassen.

Ein Geschenk,

das angenommen wird

und Freude macht, ist auch

ein Geschenk an den Schenkenden.

Wir belügen uns selbst öfter,

als wir wahrhaben wollen.

Manche Leute reden nicht,

um etwas zu sagen –

sondern um sich das Zuhören

zu ersparen.

Bevor wir mit einer wichtigen

Sache anfangen, sollten wir

mit ein paar unwichtigen aufhören.

Wer viel mitgemacht

und hinter sich gebracht hat,

lässt sich nichts mehr vormachen.

Vorurteile sind Vorboten

von Irrtümern.

Wer um sieben Ecken denkt,

darf sich nicht wundern,

wenn einiges unrund läuft

im Leben.

Wer immer auf dem Laufenden

sein will, hat nie Zeit

zum Innehalten.

Was großartig ist,

ist keine Frage der Größe.

Gedanken sind Samenkörner.

Essen und Trinken halten

nicht nur Leib und Seele

zusammen –

sondern auch Familien, Gruppen

und Gemeinschaften.

Schade,

dass sich manche Leute

für nichts zu schade sind.

Was man nicht versteht,

überschätzt man meistens.

Es kann ein Fehler sein,

manche Fehler nicht zu machen.

Einen Menschen zu lieben heißt nicht,

ihm nicht widersprechen zu dürfen.

Wenn wir die

Sümpfe der Unmenschlichkeit

nicht trockenlegen,

wird uns das Wasser

bald bis zum Hals stehen.

Liebeshungrige Menschen

tun sich schwer,

die Liebe zu genießen.

Jede Ruine bildet sich ein,

einmal ein prächtiges Bauwerk

gewesen zu sein.

Tiefe Einsichten öffnen uns die Augen

für etwas, für das wir vorher

blind waren.

Wer sich zu sehr verausgabt,

hat nichts mehr zu verschenken.

Wenn schon

der Anfang schwerfällt,

ist es uns nicht leicht, durchzuhalten

und abzuschließen.

Es gibt viele Wege,

auf denen man sich finden kann –

aber noch mehr,

auf denen man sich verlieren kann.

Der schwierigste Bereich des Denkens

ist das Umdenken.

Wer überall nur das Schlechte sieht,

verdirbt sich die Augen.

Eine tiefe Kluft lässt sich meistens

leichter überbrücken

als eine breite.

Die Zukunft ist immer

eine Zugabe.

Leichtfertige Antworten

verwässern

die Fragen.

Wäre

Dummheit eine Krankheit,

bestünde wenigstens

Hoffnung auf Heilung.

Wer andere ausrichtet,

richtet etwas an.

Wenn einem etwas wurscht ist,

kann man sich den Senf dazu

sparen.

Wer kleinkariert denkt,

handelt auch so –

auch wenn er anders redet.

Lebenskünstler haben ein

gutes Gedächtnis für gute Erfahrungen

und ein schlechtes für schlechte.

Wer andere überzeugen will,

darf sie nicht überfordern.

Was wir verdrängen,

gehört früher oder später

zu den gefährlichen Altlasten.

Gute Gedanken tragen Früchte,

gute Gefühle treiben Blüten.

Ein schlechtes Gewissen zu haben,

heißt auch: Wir haben etwas

gutzumachen.

Das Kennenlernen

der eigenen Grenzen

ist nicht immer eine Erfolgsgeschichte.

Man kann nicht

liebenswürdig sein

ohne Herzlichkeit.

Die Moral

hat eine große Vorliebe

für Schubaden.

Die Natur kennt keinen Geiz,

für sie ist Überfluss normal.

Wer zur rechten Zeit

schweigen kann,

hat gut reden.

Die Hand aufhalten

ist eine einfachere Übung

als den Kopf hinhalten.

Natürlich ist es gescheiter,

ohne Scheitern gescheiter zu werden –

aber manchmal geht es gar nicht anders.

Die von uns erwarten,

dass wir ihre Erwartungen erfüllen –

die sollten wir ruhig warten lassen.

Die wirklich wichtigen Dinge im Leben

machen sich nicht wichtig.

Ausgleichende Gerechtigkeit?

Das Glück ist ungleich verteilt.

Das Unglück auch.

Es ist die Vergänglichkeit,

die jeden Augenblick

unseres Lebens

so unendlich wertvoll macht.

Es ist manchmal schwieriger,

eine Stunde hinter sich zu bringen

als einige Tage.

Viele suchen die Wahrheit,

aber zu viele davon geben sich

bereits mit Halbwahrheiten zufrieden.

Wer zu viele offene Türen zuschlägt,

darf nicht überrascht sein, wenn er

über kurz oder lang weg ist vom Fenster.

⌇

Man glaubt gar nicht,

was manche Leute

alles in Kauf nehmen,

um etwas geschenkt zu bekommen.

⌇

Vorsicht:

Viele Mitmenschen sind

alles andere als Mitspieler.

⌇

Wer in seinem Leben

wenig versucht,

bleibt sich viel schuldig.

Die viel wissen,

tun oft viel zu wenig.

Wenn uns jemand etwas in die Schuhe

schieben will, sollten wir ihm

entweder auf die Zehen steigen

oder uns auf die Socken machen.

Es passiert jeden Tag

so viel auf der Welt!

Warum ändert sich eigentlich so wenig?

Folgewirkung:

Wenn man sich nicht riechen kann,

hört man einander auch nicht zu.

Dass in manchen Leuten nichts steckt,

sieht man sehr gut,

wenn sie sich aufblasen.

Wenn es um

das Wesentliche geht,

merkt man erst,

wie viel Überflüssiges

es gibt.

Wer aus seinen Erfolgen lernt,

macht weniger Fehler.

Was uns glückt,

macht uns glücklich.

Kettenreaktion:

Wer viel nachdenkt,

wird nachdenklich.

Leere Worte

werden viel zu oft

für voll genommen.

Den guten Ruf

verliert man

viel schneller

als den schlechten.

Anerkennung beginnt

mit der eigenen Wertschätzung.

ERNST FERSTL APHORISMENBÄNDE

1995: "**Kurz und fündig**", Va bene-V.

1995: "**einfach kompliziert einfach**", Va bene-V.

1996: "**Unter der Oberfläche**", Va bene-V.

1998: "**Heutzutage**", Freya-V. // 2006, Ed. Nove

2000: "**Zwischenrufe**", BOD // 2004, Geest V.

2002: "**Lebensspuren**", Geest-V. // 2007, Asaro V.

2004: "**Durchblicke**", Freya-V.

2005: "**Wegweiser**", Asaro-V.

2006: "**Bemerkenswert**", Asaro-V.

2007: "**Denkwürdig**" , Asaro-V.

2009: "**Gedankenwege**", Brockmeyer V.

2011: "**Eindrücke**", Brockmeyer V.

2012: "**Zusätze**", Brockmeyer V.

2013: "**Zugespitzt**", Brockmeyer V.

2014: "**Ausgedrückte Eindrücke**", BOD

2015: "**Punktgenau**", BOD

2017: "**Wenn ein Wort sitzt,
kann man es stehen lassen**", Bellaprint V.

ERNST FERSTL

HP: www.gedanken.at

E-Mail: ernstferstl@aon.at

Geb. 1955 in Neunkirchen (Niederösterreich),
lebt mit seiner Familie in Zöbern/Buckige Welt,
Lehrer an der HS und NMS in Krumbach,
Pensionierung 2017.

Schreibt Aphorismen, Gedichte und Kurztexte.

Bekannteste Sprüche:

"Zeit, die wir uns nehmen,

ist Zeit, die uns etwas gibt."

"Gerade weil wir alle in einem Boot sitzen,

sollten wir froh darüber sein,

dass nicht alle auf unserer Seite stehen."

"Die mit Abstand

beste Nerven-Heil-Anstalt

ist die freie Natur."